MISSÕES EM TEMPOS DE CALAMIDADE

Editora Appris Ltda.
1.ª Edição - Copyright© 2025 dos autores
Direitos de Edição Reservados à Editora Appris Ltda.

Nenhuma parte desta obra poderá ser utilizada indevidamente, sem estar de acordo com a Lei nº 9.610/98. Se incorreções forem encontradas, serão de exclusiva responsabilidade de seus organizadores. Foi realizado o Depósito Legal na Fundação Biblioteca Nacional, de acordo com as Leis nos 10.994, de 14/12/2004, e 12.192, de 14/01/2010.

Catalogação na Fonte
Elaborado por: Dayanne Leal Souza
Bibliotecária CRB 9/2162

L385m 2025	Laurinda, Neyrimar Missões em tempos de calamidade / Neyrimar Laurinda. – 1. ed. – Curitiba: Appris: Sauvé, 2025. 86 p. : il. color. ; 21 cm.
	ISBN 978-65-250-7515-0
	1. Memória autobiográfica. 2. Missões. 3. Evangelização. 4. Resiliência. 5. Assistência social. I. Título.
	CDD – B869.8

Livro de acordo com a normalização técnica da ABNT

Appris editora

Editora e Livraria Appris Ltda.
Av. Manoel Ribas, 2265 – Mercês
Curitiba/PR – CEP: 80810-002
Tel. (41) 3156 - 4731
www.editoraappris.com.br

Printed in Brazil
Impresso no Brasil

Neyrimar Laurinda

MISSÕES EM TEMPOS DE CALAMIDADE

Curitiba, PR
2025

FICHA TÉCNICA

EDITORIAL	Augusto Coelho
	Sara C. de Andrade Coelho
COMITÊ EDITORIAL	Angela Cristina Ramos
	Brasil Delmar Zanatta Junior
	Edmeire C. Pereira - UFPR
	Estevão Misael da Silva
	Marli Caetano
CONSULTOR *AD HOC*	Gilcione Freitas
SUPERVISORA EDITORIAL	Renata C. Lopes
PRODUÇÃO EDITORIAL	Sabrina Costa da Silva
REVISÃO	Bruna Fernanda Martins
DIAGRAMAÇÃO	Bruno Ferreira Nascimento
CAPA	Mariana Brito
REVISÃO DE PROVA	Alice Ramos

À minha mãe, missionária Maria Elza Laurinda Ferreira, que sempre me apoiou incondicionalmente e cujo suporte foi fundamental para a realização deste livro. Ao meu esposo, pastor missionário Jonatas Peres Galarce, pois sua dedicação e seu amor foram uma fonte constante de inspiração e força.

Com toda a minha gratidão e meu amor, Neyrimar Laurinda.

Apresentação

Missões em tempos de calamidade é uma obra que narra a jornada de uma missionária cristã vivendo no Rio Grande do Sul, enfrentando desafios naturais e espirituais enquanto busca levar esperança e transformação a uma comunidade marcada por adversidades.

O livro começa com um relato pessoal da autora sobre sua vida familiar e a decisão de se mudar para uma pequena cidade na Serra Gaúcha. Descreve as condições adversas, como as chuvas torrenciais e os deslizamentos de terra, que refletem as batalhas espirituais enfrentadas diariamente. Mesmo diante dessas dificuldades, a autora e sua família permanecem firmes na fé, encontrando força na comunhão com Deus e na missão de evangelizar.

No Rio Grande do Sul, um dos estados brasileiros com maior presença de religiões de matriz africana e terreiros, a autora depara-se com uma realidade espiritual complexa. A cidade para onde se mudou, embora cercada por uma beleza natural deslumbrante, está impregnada de práticas espirituais sombrias e de uma resistência significativa ao Evangelho. Nesse contexto, a missão torna-se ainda mais desafiadora e urgente.

A narrativa detalha as complexidades do trabalho missionário em uma comunidade resistente ao Evangelho, onde a fé é uma raridade e as práticas espirituais sombrias são comuns. Histórias de vidas marcadas por violência, dependência química e traumas familiares são apresentadas, ilustrando a necessidade urgente de intervenção divina. Um dos momentos mais impactantes do livro é a realização de um culto ao ar livre perto de um deslizamento. Apesar da presença de poucas pessoas, o evento é uma poderosa demonstração de fé e esperança. A partir desse encontro, a autora descreve a interação com uma família profundamente afetada pela opressão e violência. Relatos de abuso, dependência e perdas trágicas são compartilhados, destacando o trabalho contínuo de Deus na vida dessas pessoas. A autora reflete sobre suas próprias prioridades e decisões, em especial em relação à criação de seus filhos e à dedicação ao ministério. Enfatiza a importância de ensinar valores cristãos e estar presente na vida dos filhos, citando passagens bíblicas que reforçam essa responsabilidade. A decisão de deixar seu emprego para se dedicar integralmente à família é apresentada como um passo essencial para seguir o plano de Deus.

A comunhão com a comunidade tem sido um pilar fundamental na missão. O apoio mútuo, a oração conjunta e a solidariedade são forças que sustentam a obra missionária. A história daquela família, com todos os seus traumas e desafios, é um espelho da necessidade urgente de presença divina e apoio fraternal. Vimos a transformação começando a tomar forma, com membros da família encontrando esperança e libertação em Cristo.

O livro destaca a importância da comunidade na obra missionária. O apoio mútuo, as orações e a solidariedade são pilares fundamentais que sustentam a missão. *Missões em tempos de calamidade* é concluído com uma poderosa mensagem de esperança e perseverança. A missão no Rio Grande do Sul é apresentada como um chamado contínuo para levar a mensagem de Cristo às almas feridas. A autora convida os leitores a refletirem sobre seu próprio papel na missão divina, encorajando-os a abraçarem seu chamado com coragem e fé. Este livro é um testemunho da fé inabalável, dedicação e poderosa transformação que a presença de Deus pode trazer, mesmo nos momentos mais desafiadores.

Fonte: acervo da autora

Bairro Santo Antônio – Veranópolis

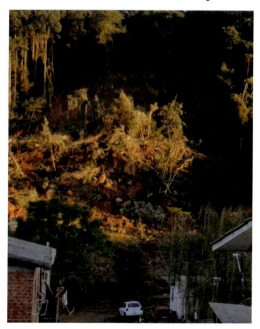

Fonte: acervo da autora

Fonte: acervo da autora

Bairro Santo Antônio – Veranópolis

Fonte: acervo da autora

Fonte: Divulgação/Polícia Rodoviária Federal

Queda de barreira entre Veranópolis e Bento Gonçalves

Fonte: Divulgação prefeitura de Veranópolis

Sumário

Introdução 17

Minha infância 19

Encontro com o destino 21

O chamado 23

A missão 25

Desafios e esperança na obra de Deus 29

O chamado sagrado dos pais 31

Refletindo sobre a missão em meio ao caos 33

A missão em tempos de calamidade 35

Fragilidade das posses 37

Desafios do pastor missionário nos tempos atuais 39

Poder da transformação 41

A Bíblia e os tempos difíceis 42

O desafio da fé autêntica em tempos modernos 43

A solidariedade em tempo de crise 46

O chamado à hospitalidade 49

A prudência em tempos de maldade 50

Equilibrando hospitalidade e prudência 51

A assistência social como parte integral da missão 52

O chamado à assistência social 53

A integração de busca espiritual e material 54

Sabedoria no uso do tempo e no desenvolvimento de talentos ... 55

Desafios financeiros na obra missionária 57

Confiança na provisão divina 58

O contexto cultural e religioso no Rio Grande do Sul 59

O paradoxo do racismo e da adaptação às religiões
de matrizes africanas 60

A escalada do ocultismo no Rio Grande do Sul 61

Manifestação do ocultismo em Alvorada 62

O desafio para a evangelização 63

A busca por bens materiais 64

O desafio do plantio de igrejas no Rio Grande do Sul 65

A rotatividade e a instabilidade das congregações 66

A indignação e o compromisso com a permanência 67

O papel da sede matriz 69

O desafio do contexto moderno 71

O dilema das pequenas igrejas 72

Um culto evangelístico 74

Reflexão para os leitores 77

Conclusão: a esperança em tempos de calamidade 78

O chamado à missão 79

A importância da comunidade 80

A reflexão pessoal 81

O papel da família 82

A necessidade de transformação 83

A jornada continua 84

Agradecimentos e oração final 85

Introdução

No início da minha jornada, no final de abril de 2024, em dias chuvosos, mergulhei na tarefa de escrever estas páginas. As nuvens pesadas no céu refletiam o peso dos meus pensamentos, enquanto a chuva incessante parecia ecoar minhas emoções mais profundas. Na simplicidade do meu lar, um refúgio onde o calor da família preenche cada canto, encontro inspiração.

Nossa modesta casa alugada, embora segura no momento, encontra-se em uma área onde a natureza implacável já força algumas famílias a abandonarem seus lares. A inquietação do meu coração, exacerbada pelos constantes avisos da Defesa Civil sobre os perigos iminentes que ameaçam nossa comunidade, torna cada dia mais difícil. O carro de som constante da Defesa Civil, como um triste lamento, ecoa pelas ruas, pedindo aos moradores das áreas de risco que se retirem para um lugar seguro. Em meio à incerteza, o Deus em quem deposito minha fé me faz ponderar sobre o propósito de estarmos nesta pacata cidade da Serra Gaúcha. Com pouco mais de seus 25 mil habitantes, conhecida como o berço nacional da maçã e a terra da longevidade, essa cidade oferece um cenário de beleza serena, cercada por serras e vales, um verdadeiro testemunho da majestade divina.

No entanto, por trás de toda essa beleza, a cidade abriga um povo incrédulo e de corações endurecidos, e o dinheiro e o trabalho ocupam o centro de suas vidas. A fé é uma raridade, e a cidade está entre as menos evangelizadas do Brasil, onde a crença em deuses estranhos e a prática de bruxaria prevalecem. A cada novo dia, a cidade me revela um pouco mais de sua alma antiga e resiliente, e eu começo a vislumbrar um propósito maior por trás de nossa presença aqui.

Minha infância

Nasci em um lar evangélico em uma pequena cidade do estado de Tocantins, mas antes de completar um ano de vida, minha família mudou-se para a capital de Goiás. Meu avô foi chamado para pastorear uma igreja, e meu pai, que nunca gostou da vida na cidade grande, decidiu se estabelecer em uma pequena localidade do interior, sempre levando uma vida simples e humilde, porém profundamente enraizada na presença de Deus. Meu pai trabalhava com afinco para sustentar suas seis filhas. Era um homem de fé inabalável e mãos calejadas pelo trabalho. Minha mãe, uma mulher de fé e temente a Deus, cuidava de nós com um amor incondicional, ao mesmo tempo que se dedicava de maneira intensa à obra do Senhor. Ela liderava o grupo de crianças da igreja, e seu trabalho era tão eficaz que os pequeninos participavam com assiduidade das atividades religiosas, sempre inspiradas por sua devoção e dedicação. Com o passar do tempo, meu pai, não se acostumando com a vida na cidade, decidiu que deveríamos nos mudar para o campo, onde ele se sentia mais em sintonia com a criação de Deus. Deus permitiu que tivéssemos um sítio, onde a paz e a serenidade do campo nos envolviam.

Em 2009, o Senhor decidiu levar meu pai para junto dele. Na época, eu era uma jovem de 20 anos, com uma chama ardente por missões e um coração voltado para ajudar os menos favorecidos. A morte do meu pai me deixou desorientada, sem saber qual caminho seguir. Apesar da tristeza, sabia que Deus tinha um propósito para mim.

Minha mãe, sempre forte na fé, viu todas as suas filhas se casarem, até mesmo as duas mais novas que eu. Quando minha mãe resolveu se casar novamente, senti que era hora de buscar novos horizontes. Decidi ir para a capital, onde poderia continuar meus estudos e trabalhar, buscando um propósito maior. Fui para a capital de Goiás, onde comecei a estudar na faculdade e a trabalhar. Também fui, em um momento, coordenadora de jovens da agricultura familiar, e viajei bastante, conhecendo pessoas.

A chama por missões ainda ardia dentro de mim, mas as oportunidades pareciam escassas. Foi nesse período de transição e descoberta que conheci aquele que se tornaria meu marido.

Encontro com o destino

Nosso encontro não foi por acaso. Era como se todas as peças do quebra-cabeça estivessem se encaixando perfeitamente. Eu, uma jovem sonhadora e devota, e ele, um homem de fé, ambos guiados por um chamado divino. Nos conhecemos em um ambiente virtual, um site cristão. Começamos a conversar e logo descobrimos que compartilhávamos a mesma paixão pelas missões e o mesmo desejo de servir a Deus, então sentíamos que Ele estava unindo nossos caminhos para algo maior.

Desde minha adolescência, sempre quis fazer missões em terras longínquas. Eu ouvia os programas na Rádio Morumbi e sentia meu coração pulsar com uma vontade ardente de fazer missão. A cada relato, a cada história de transformação, minhas lágrimas escorriam, movidas por uma profunda compaixão e pelo desejo de servir. Li vários livros sobre missões, e cada um deles me inspirava de maneira única, mas o meu contexto de vida na roça limitava meu entendimento e acesso a oportunidades missionárias.

Morei no campo até os 23 anos, onde a informação era escassa, e os sonhos muitas vezes pareciam distantes. Meu conhecimento sobre agências missionárias era mínimo, e isso retardou minha decisão de dedicar-me à missão da forma que eu realmente desejava na minha juventude. Hoje, com a facilidade de acesso à informação proporcionada pela internet, compreendo melhor a obra missionária no mundo e seus desafios. Comecei a buscar e a fazer pesquisas sobre as organizações missionárias, entendendo suas dificuldades, mas também suas vitórias e os impactos positivos nas comunidades atendidas. Ao refletir sobre minha jornada, percebo que muitos jovens enfrentam os mesmos obstáculos que eu enfrentei, não tendo conhecimento de como fazer missões e de como se doar para o Reino.

O chamado

Em 2016 deixei para trás meus estudos após dois anos e meio dedicados ao curso de Direito, para seguir um chamado maior. Deus, por meio de seus profetas, revelou que em breve eu estaria no altar, casando-me com alguém com quem eu levaria uma bandeira branca. E, assim, mesmo conhecendo pouco aquele que seria meu esposo, parti para um novo destino, a três mil quilômetros de distância, deixando minha família e minha terra. Cheguei a um estado com costumes muito diferentes dos meus. O clima, extremamente frio, contrastava com o calor do meu querido Goiás. O povo, com suas tradições enraizadas, se mostrava muitas vezes rebelde e distante de Deus, considerando-se superior aos demais. No entanto, Deus tinha um plano maior, e foi com essa certeza que me casei com um gaúcho, acreditando no propósito divino para nossas vidas. As igrejas locais eram muito diferentes das pentecostais que eu frequentava em Goiás. Os pastores pareciam despreparados tanto no conhecimento da Bíblia quanto espiritualmente, e as congregações eram pequenas e vazias.

Após um ano de busca espiritual, o pastor da igreja que frequentávamos decidiu partir, deixando-nos sem um local de culto. Foi nesse momento de incerteza que Deus nos levantou como missionários. Com uma fé inabalável, pedimos a um pastor que viesse abrir uma nova igreja na cidade. Ele atendeu ao chamado, plantando a semente de uma nova congregação e deixando-nos como líderes desse pequeno rebanho.

Em 2022, um marco significativo foi estabelecido em nossas vidas quando meu marido foi consagrado como ministro do evangelho na Convenção das Assembleias de Deus, assumindo o papel de evangelista. Ao mesmo tempo, fui reconhecida como missionária, consolidando, assim, o ministério que já estávamos fervorosamente desempenhando. Foi um momento de profunda confirmação divina, no qual sentimos a mão de Deus guiando e validando nosso chamado para servir no campo missionário. Desde então, temos sido fortalecidos pela fé e pelo propósito, comprometidos em compartilhar a mensagem transformadora do evangelho e em fazer discípulos de todas as nações.

A missão

As dificuldades em realizar a obra de Deus aqui são muitas. Alugamos um pequeno salão, onde realizamos nossos cultos de adoração a Deus, mas poucas são as pessoas que congregam conosco. O aluguel é pago com o trabalho secular do meu marido, para podermos manter as portas da congregação abertas. Estando longe dos meus familiares, dedico-me a cuidar da casa e dos nossos filhos, levando-os à escola e desempenhando as tarefas do lar. Permaneço em constante oração, pedindo a Deus que abençoe meu marido, dando-lhe saúde para enfrentar o trabalho árduo. Ele se levanta de madrugada, às 3h, todos os dias para ir ao trabalho. Chega ao meio-dia, exausto, contudo ainda encontra tempo para estudar a Palavra e cuidar do pequeno rebanho que Deus nos confiou.

Ele se dedica com excelência, muitas vezes sacrificando o sono para ajudar os irmãos que necessitam de orientação e apoio. Sua dedicação e fé são um exemplo de perseverança, e, juntos, enfrentamos os desafios com a certeza de que estamos cumprindo a vontade divina. A comunidade é resistente, muitas vezes fechada em suas tradições e crenças antigas. A fé é uma raridade, e a prática da bruxaria e a crença em deuses estranhos prevalecem. Nosso trabalho aqui é árduo e exige paciência e persistência. Cada dia é uma batalha, mas também uma oportunidade de semear a Palavra de Deus em corações endurecidos. Mesmo com todas as dificuldades, encontramos pequenas alegrias e motivos para agradecer.

Cada pessoa que se aproximava de nossa congregação trazia um sinal de esperança. As palavras de Deus começam a ressoar, ainda que lentamente, nas almas daqueles que nos ouvem. Cada culto, cada oração, cada gesto de amor e compaixão é uma semente plantada, e acreditamos que, no tempo certo, colheremos os frutos. Em meio a tudo isso, nossa fé se fortalece. As provações nos aproximam mais de Deus e um do outro. Aprendemos a valorizar as pequenas bênçãos do cotidiano e a confiar de forma plena na providência divina. Nossa missão, embora desafiadora, é também uma fonte de imenso crescimento espiritual. A cada dia entendemos melhor o propósito de Deus para nossas vidas e para a comunidade que servimos. Assim, seguimos adiante, com o coração cheio de fé e esperança. Sabemos que, apesar das dificuldades, estamos no caminho certo.

A obra de Deus é grande e complexa, mas confiamos que Ele nos guiará em cada passo, fortalecendo-nos e capacitando-nos para cumprirmos sua vontade. E, em meio aos desafios, encontramos a verdadeira paz e alegria em servir ao Senhor, sabendo que Ele está conosco em cada momento, nos sustentando e abençoando nosso trabalho.

Apesar de morarmos em uma cidade bem evoluída e próspera, nossa pequena congregação está situada no bairro menos favorecido, uma área com muitas encostas e casas humildes. No dia a dia, testemunhamos o tráfico de drogas proliferando pelas ruas. Certa vez, ao final de um culto, enquanto conversávamos com os irmãos na porta do salão, um carro passou devagar pela rua em frente à igreja. O ocupante do veículo fez questão de mostrar uma arma, num claro ato de intimidação. Esse bairro é marcado pela presença de jovens envolvidos em atividades ilícitas, e a violência é uma realidade constante, com frequentes assassinatos e brigas de facções. Tivemos a oportunidade de evangelizar um jovem que visitou nossa congregação, mas ele não quis ouvir a Palavra de Deus e, infelizmente, acabou morrendo. Deus tem seus mistérios, e vemos isso de maneira clara quando Ele salva uma pessoa quase no momento de sua morte.

Um dia, após o culto, uma irmã nos chamou para orar por sua mãe. No caminho, fomos interrompidos por outra irmã, de um ministério evangélico diferente, que veio correndo ao nosso encontro. Seus filhos haviam bebido e estavam brigando. Quando chegamos, encontramos um dos filhos agredindo sua irmã no chão. Tentamos intervir, mas ele não queria dar atenção a ninguém. Percebi que só uma interferência espiritual podia fazê-lo se acalmar e comecei a cantar um refrão de um hino antigo: "Ei, Jesus te ama, Jesus te ama. Ei, Jesus te ama, Jesus te ama." Naquele momento, o jovem começou a chorar, e Deus nos deu uma Palavra para ele. Oramos juntos e, após a oração, ele se acalmou, fez as pazes com todos e foi embora para sua casa em outro município. Por volta das 23h, voltamos para casa.

De madrugada, recebemos a mensagem de que aquele jovem havia sido assassinado. Sua mãe nos contou que, depois que fomos embora, ele se acalmou, reconciliou-se com a família e voltou para sua casa. No entanto, ao chegar, foi surpreendido e morto por invasores. Às vezes, não compreendemos o agir de Deus, mas acredito que naquele dia Ele nos fez mudar de rota para que pudéssemos estar na frente da casa daquela irmã e proporcionássemos ao jovem um último momento de paz e reconciliação.

A vida no bairro é desafiadora, porém também é um campo fértil para o trabalho missionário. Cada dia traz novos desafios e novas oportunidades de demonstrar o amor de Deus em meio às adversidades. Continuamos nossa missão com fé, acreditando que, mesmo nos lugares mais sombrios, a luz de Cristo pode brilhar e transformar vidas.

Além desses eventos, enfrentamos a constante luta de manter a congregação funcionando. Nosso salão de culto, humilde e pequeno, é um refúgio para os poucos que se reúnem conosco. O aluguel é pago com o trabalho árduo do meu marido, que se levanta às 3h todos os dias. Eu dedico-me ao lar e aos filhos, sempre em oração para que Deus nos dê força e direção. Cada encontro, cada oração, cada ação de bondade nos faz acreditar que estamos plantando sementes de esperança. Mesmo quando as tragédias nos atingem, sabemos que Deus está no controle e tem um propósito maior. Nossa missão é perseverar, confiar e continuar a espalhar o amor de Cristo, mesmo nas situações mais difíceis.

Desafios e esperança na obra de Deus

Fazer a obra de Deus aqui é extremamente desafiador. Às vezes, duvido do propósito de nossa missão, pois, por mais que evangelizemos, as pessoas vêm ao templo em busca de bênçãos materiais e não se firmam na fé e na Palavra de Deus. A falta de crescimento significativo na congregação nos traz desânimo, e os irmãos mais distantes, que esperam resultados imediatos, começam a duvidar do nosso chamado. A ausência de um grande número de fiéis causa dúvidas sobre o impacto do nosso trabalho, e frequentemente nos sentimos tentados a desistir e retornar à nossa terra natal. A saudade da vida simples na roça é constante. Acordar com o canto do galo, no lugar humilde onde fui criada, é um desejo que permeia meus pensamentos. Naquele lugar, no qual minha mãe me criou, não havia o frio intenso do inverno que enfrentamos aqui. A vida era simples, mas cheia de alegria e calor humano.

Lembro-me das manhãs ensolaradas, com os raios de sol atravessando as copas das árvores, iluminando a pequena casa. O cheiro da terra molhada após a chuva, o som dos riachos correndo pelas pedras e a visão das montanhas ao longe eram um bálsamo para a alma. O café da manhã era leite de vaca tirado na hora, e a presença amorosa de minha mãe, sempre dedicada e cheia de fé, era uma constante fonte de inspiração e força. Aqui, a realidade é diferente. Estamos em um bairro humilde, cercado por violência e tráfico de drogas. Nosso pequeno salão de cultos é um refúgio, mas também um constante lembrete dos desafios que enfrentamos. As pessoas vêm em busca de milagres imediatos, esperando que suas vidas mudem sem um verdadeiro compromisso com Deus. Isso nos leva a questionar nosso trabalho e nosso propósito.

Apesar das dificuldades, sabemos que Deus está presente. Cada culto, cada oração é um ato de fé e resistência. Continuamos a plantar sementes, mesmo quando o terreno parece infértil. Acreditamos que, no tempo certo, Deus trará a colheita. Cada pessoa que passa pela nossa porta é uma alma preciosa, e nosso dever é acolher e guiar, mesmo quando o caminho parece difícil. Quando o desânimo se instala, é a lembrança da vida simples na roça que me dá forças. A imagem dos morros da minha terra, a vista das planícies ao longe, o cheiro do café da manhã na cozinha de minha mãe, e a certeza de que Deus tem um plano maior me renovam.

Mesmo longe, encontro consolo na fé que me foi ensinada desde pequena. Assim, seguimos nossa missão, com o coração cheio de fé e esperança. Sabemos que cada dia é uma batalha, e também uma oportunidade de semear o amor de Deus. A saudade da vida antiga é um combustível que nos mantém firmes, lembrando-nos do motivo de estarmos aqui. Estamos longe da nossa terra, mas não do propósito que Deus colocou em nossos corações. E, enquanto continuamos a caminhar, acreditamos que, apesar das dificuldades, estamos exatamente onde deveríamos estar, cumprindo a vontade divina e espalhando a luz de Cristo em meio à escuridão.

O chamado sagrado dos pais

Desde que cheguei aqui, me vi imersa na vida doméstica, dedicando-me inteiramente aos cuidados dos meus filhos pequenos. Após ter uma menina e, em seguida, um menino em menos de dois anos, minha prioridade era estar presente para eles e administrar o lar. No entanto, quando o mais novo completou 3 anos, decidi ingressar no mercado de trabalho e consegui um emprego em uma escola de educação infantil, trabalhando 30 horas por semana. Essa decisão, embora tenha trazido uma gratificação ao trabalhar com crianças, logo me fez perceber que estava sacrificando o tempo com meus próprios filhos. Ao vê-los cansados ao chegarem em casa e logo adormecerem, entendi que não estava seguindo o plano de Deus para a minha família. A responsabilidade de ensinar valores e estar presente na vida dos meus filhos não poderia ser transferida para o Estado.

Observando as crianças na escola, muitas das quais choravam pela falta dos pais, tomei a decisão de deixar meu emprego para me dedicar integralmente aos meus filhos.

Acredito que muitos pais deveriam fazer essa reflexão, pois a ausência de atenção dos pais pode levar os filhos a buscarem preenchimento emocional em outros lugares, inclusive nas drogas. Essa autoanálise é essencial para garantir o bem-estar e a formação adequada das crianças, proporcionando-lhes amor, cuidado e ensinamentos que só os pais podem oferecer.

Ao refletir sobre essa importância de estar presente na vida dos filhos e priorizar sua formação, encontramos inspiração nas Escrituras Sagradas, que nos oferecem orientações valiosas sobre o papel dos pais. Em Provérbios 22:6, somos orientados a: "Instruir a criança no caminho em que deve andar; e até quando envelhecer não se desviará dele." Essa passagem ressalta a responsabilidade de os pais educarem seus filhos no caminho certo desde tenra idade, influenciando positivamente seu caráter e seu futuro.

Além disso, Efésios 6:4 nos lembra: "E vós, pais, não provoqueis à ira vossos filhos, mas criai-os na disciplina e na admoestação do Senhor." Aqui, somos chamados a criar nossos filhos com amor, disciplina e instrução baseada nos princípios divinos, garantindo, assim, sua educação espiritual e moral.

Essas passagens nos mostram que o cuidado dos filhos é uma responsabilidade sagrada confiada aos pais por Deus. É uma jornada de amor, sacrifício e dedicação que não pode ser terceirizada ou negligenciada. Assim como o Senhor nos ama e cuida de nós como seus filhos, somos chamados a refletir esse amor e cuidado em relação aos nossos próprios filhos.

Ao decidir dedicar-me integralmente aos meus filhos, estou seguindo o exemplo de amor e responsabilidade parental estabelecido pela Palavra de Deus. É uma escolha que me enche de confiança, sabendo que estou cumprindo o propósito divino para minha família e contribuindo para o bem-estar e a formação adequada das crianças.

Refletindo sobre a missão em meio ao caos

Pela janela, observo a chuva incessante que cai por dias a fio, sem nenhuma pausa. Essa chuva parece um reflexo das tempestades internas que eu enfrento. É nesses momentos de reflexão profunda que a vontade de voltar ao meu estado, Goiás, surge com força. Meus familiares insistem para que eu retorne, para deixarmos tudo e recomeçarmos lá. A princípio, fico disposta a ir. No entanto, ao parar para refletir, uma pergunta crucial emerge: como podemos deixar a obra de Deus aqui? Como poderíamos simplesmente fechar o templo, sabendo que não tem ninguém ainda preparado para conduzir a obra?

Lembrei-me da passagem bíblica que diz: "Aquele que põe a mão no arado e olha para trás não é digno de mim." Essas palavras ressoam com profundidade em meu coração. Como eu poderia abandonar a obra de Deus, mesmo sendo pequena? Como poderia deixar os irmãos que ainda estão começando na fé, especialmente em meio ao caos?

É então que, de fato, lembro que estou em missão. Não devo olhar para trás. Preciso enfrentar as dificuldades e ajudar os irmãos que estão preocupados e angustiados, temendo que suas casas sejam atingidas pelas enchentes. Como alguém que já é cristã há muito tempo, meu dever é estar ao lado deles, pois minha missão é fazer o nome de Cristo conhecido. Meu marido, como pastor, tem a responsabilidade de zelar por essas ovelhas, e não podemos retroceder por medo. Precisamos continuar, mesmo em meio às adversidades. Poderemos sair daqui somente quando Deus nos direcionar, não antes. Nesses momentos de tribulação, percebo que nossa missão é ainda mais crucial. Estamos aqui para ser luz em meio à escuridão, para oferecer esperança onde há desespero. A fé não é apenas para os tempos de calmaria, mas também para os tempos de tempestade. Nossa presença aqui é vital para a comunidade, e nossa missão é clara: servir, amar e levar o Evangelho de Jesus a todos, independentemente das circunstâncias.

A missão em tempos de calamidade

Refletindo sobre o chamado, os eventos recentes que assolam o Sul do Brasil despertaram em mim uma profunda reflexão sobre o meu compromisso com a propagação do Evangelho nesse estado. Ao testemunhar a devastação e o sofrimento ao meu redor, percebi quão pouco tenho investido na obra de Deus nessa região.

Ao olhar para as pessoas afetadas pela calamidade, vejo rostos marcados pela dor, pela perda e pelo desespero. São famílias desabrigadas, comunidades inteiras em ruínas, vidas despedaçadas pela força avassaladora da natureza. E, diante desse cenário de destruição, surge em meu coração uma profunda convicção: é hora de agir.

A missão de levar a mensagem de esperança e salvação ganha uma nova urgência diante da tragédia que se desenrola frente aos nossos olhos. Enquanto muitos se desesperam e sucumbem ao desânimo, nós, como servos de Deus, somos chamados a ser luz em meio às trevas, esperança em meio ao caos. É hora de estender nossas mãos aos necessitados, de oferecer conforto aos aflitos, de proclamar as boas novas da salvação aos que estão perdidos.

A missão não pode esperar, não pode ser adiada diante das adversidades. Pelo contrário, é nos momentos de maior desafio que a nossa fé é posta à prova e o nosso testemunho pode brilhar com mais intensidade. Que esse tempo de calamidade não seja apenas um momento de tristeza e desespero, mas também uma oportunidade de renovação e redenção. Que possamos nos unir como igreja, como corpo de Cristo, para sermos instrumentos de cura, restauração e esperança para aqueles que mais precisam. Que o nosso compromisso com a missão seja reavivado e fortalecido, e que possamos responder ao chamado de Deus com coragem, determinação e amor, pois, mesmo em meio à tempestade, Ele é a nossa rocha, a nossa fortaleza e a nossa esperança.

Nesse tempo de calamidade, que possamos ser verdadeiros embaixadores do Reino, levando a luz de Cristo a todos os lugares e a todas as pessoas que precisam desesperadamente dela. Que o nosso testemunho seja uma fonte de inspiração e consolo para os que estão em meio ao sofrimento, e que, por meio das nossas ações, o nome de Deus seja glorificado e exaltado.

Fragilidade das posses

Durante esse período de calamidade, testemunhei a fragilidade das posses materiais. Vi mansões destruídas, carros arrastados pela força da natureza e roupas de marca transformadas em trapos. Em meio a tudo isso, muitos passaram a depender da caridade e das doações. Isso me fez perceber que, mais do que nunca, preciso falar sobre a fé em Jesus e o conhecimento de Deus, que são bens imortais e garantem a vida eterna.

Ao escrever, posso compartilhar a mensagem de que, mesmo quando todas as coisas materiais desaparecem, nossa fé em Cristo permanece. Posso mostrar que enquanto os tesouros terrenos são passageiros, o tesouro celestial é eterno. Podemos perder tudo que temos neste mundo, porém jamais perderemos a promessa da vida eterna em Jesus. A Bíblia nos ensina em Mateus 6:19-21: "Não acumulem para vocês tesouros na terra, onde a traça e a ferrugem destroem, e onde os ladrões arrombam e furtam. Mas acumulem para vocês tesouros no céu, onde a traça e a ferrugem não destroem, e onde os ladrões não arrombam nem furtam. Pois onde estiver o seu tesouro, aí também estará o seu coração." Essas palavras são um lembrete poderoso de onde deve estar nosso foco.

Que possamos ser a diferença que o mundo tanto precisa ver, e que o amor de Deus, manifestado em nós, seja a resposta para as dores e aflições daqueles que estão ao nosso redor. Que a missão seja a nossa prioridade, agora e sempre, e que possamos cumprir o propósito para o qual fomos chamados, mesmo em meio às tempestades da vida.

Desafios do pastor missionário nos tempos atuais

E m meio à crescente influência da modernidade, os desafios enfrentados pelos pastores missionários são cada vez mais complexos. Como defensores dos princípios conservadores da fé, nos vemos confrontados com um mundo em constante mudança, em que os valores tradicionais parecem estar em declínio.

A preservação dos ensinamentos transmitidos por nossos pais na fé torna-se uma tarefa árdua em uma sociedade que valoriza cada vez mais o individualismo e a busca pelo prazer imediato. Como podemos manter os padrões de modéstia e pureza em um mundo que celebra a exposição e a indulgência excessiva? A questão da vestimenta é apenas um exemplo dos muitos dilemas que enfrentamos.

Enquanto buscamos ensinar os princípios de modéstia e sobriedade, somos confrontados com uma cultura que exalta a sensualidade e a ostentação. Como podemos incentivar nossos fiéis a seguirem padrões bíblicos de vestimenta em uma sociedade que glorifica a exposição do corpo e o luxo extravagante? Além disso, a questão das joias e dos adornos também é motivo de preocupação. Enquanto a Bíblia nos exorta a valorizarmos mais o adorno do coração do que o exterior, a pressão da sociedade para ostentar riqueza e status por meio de joias e acessórios é cada vez mais evidente. Como podemos ajudar nossos membros a entenderem a verdadeira essência da beleza e da elegância, que não reside nos objetos materiais, mas sim na graça e na virtude?

Enfrentamos, portanto, um dilema duplo: ao mesmo tempo que buscamos permanecer fiéis aos ensinamentos bíblicos, também precisamos encontrar maneiras de nos conectarmos com uma sociedade que muitas vezes nos vê como antiquados ou irrelevantes. Nesse contexto desafiador, a adaptação se torna essencial. Precisamos encontrar formas criativas de comunicar os valores eternos do Evangelho de maneira relevante e acessível para as pessoas de hoje. Isso pode envolver o uso de mídias sociais, eventos comunitários e outras estratégias inovadoras que nos permitam alcançar um público mais amplo. Além disso, é importante lembrarmos que nossa confiança está em Deus, que é o mesmo ontem, hoje e para sempre. Ele nos capacitará e nos guiará em meio aos desafios da modernidade, e podemos confiar em sua graça e sabedoria para nos orientar em nosso ministério missionário.

Portanto, mesmo diante das dificuldades e incertezas, continuamos firmes em nossa missão de proclamar o Evangelho a todos, seguindo os passos daqueles que nos precederam na fé e confiando na promessa de que a Palavra de Deus nunca volta vazia, mas sempre cumpre o propósito para o qual foi enviada.

Poder da transformação

D evemos ser uma igreja que acredita no poder transformador de Deus, tanto interior quanto exteriormente. A transformação verdadeira começa no coração e se reflete em todas as áreas da vida. Se nossos próprios líderes relaxarem em seus compromissos com Deus, como podemos, enquanto congregação, manter a firmeza na fé? Muitos não leem a Palavra e esperam que o pastor forneça a orientação necessária para a redenção. Se os pastores, que influenciam multidões se mostrarem frouxos, como nós, pequenos e humildes, poderemos falar com autoridade ou impor os ensinamentos bíblicos?

A Bíblia diz que veremos a diferença entre o justo e o ímpio, entre o que serve a Deus e o que não serve. Contudo, hoje é difícil reconhecer um cristão apenas pela aparência ou pelo comportamento. Antigamente, não era necessário dizer que alguém era evangélico; o brilho do Espírito Santo era evidente em sua vida. A maneira de vestir-se, em especial das mulheres, refletia modéstia e ausência de vaidade, e os homens exibiam uma vida de integridade e simplicidade.

Devemos voltar ao início, quando os discípulos eram reconhecidos por se parecerem com Jesus não apenas em suas palavras, mas também em suas ações e até mesmo na maneira como se vestiam. A transformação visível é um testemunho poderoso para o mundo ao nosso redor.

A Bíblia e os tempos difíceis

A Bíblia nos alerta sobre os tempos difíceis. Em 2 Timóteo 3:1-5, lemos: "Saiba disto: nos últimos dias sobrevirão tempos terríveis. Os homens serão egoístas, avarentos, presunçosos, arrogantes, blasfemos, desobedientes aos pais, ingratos, ímpios, sem amor pela família, irreconciliáveis, caluniadores, sem domínio próprio, cruéis, inimigos do bem, traidores, inconsequentes, orgulhosos, mais amantes dos prazeres do que amigos de Deus, tendo aparência de piedade, mas negando o seu poder. Afaste-se desses também."

O desafio da fé autêntica em tempos modernos

Em tempos em que há tantos teólogos e grandes pregadores do Evangelho, é paradoxal observar como ele tem sido banalizado. Muitos pastores, cheios de arrogância e autossuficiência, não dão mais liberdade para o Espírito Santo agir. Não suportam mais ouvir glórias a Deus e resistem aos dons espirituais, sempre encontrando desculpas para que Deus não use seus profetas na atualidade, no meio de seu povo.

É triste ver que muitos desses que se intitulam grandes pregadores e doutores da palavra estão, na verdade, tentando silenciar os profetas de Deus. Usam sua intelectualidade e influência para desacreditar aqueles que verdadeiramente são usados por Deus. Enquanto isso, nós, que acreditamos na Palavra de Deus, vemos nela o nosso manual de fé. No entanto, quando ouço certos pastores dizerem que "esta é a maior profecia" para calar os profetas que Deus levanta, percebo a falta do Espírito Santo neles.

A Bíblia contém profecias, histórias e revelações e é, sem dúvida, nosso manual de fé. Contudo, maior do que a Bíblia é o autor dela. Deus não muda e não é limitado.

Se Ele quiser, em nosso tempo e em nossos dias, levanta profetas e revela coisas maiores do que as que estão escritas na Bíblia. Paulo cita em II Coríntios Cap. 12:4 que foi arrebatado ao paraíso e ouviu palavras inefáveis, de que ao homem não é lícito falar.

Ele não está confinado às Escrituras; sua obra continua viva e dinâmica.

Os tempos difíceis revelam a verdadeira essência da nossa fé e onde colocamos nossa confiança. Em meio à calamidade, podemos ser uma luz para aqueles que estão em desespero, mostrando que há esperança e salvação em Jesus. Por meio de um livro, posso compartilhar histórias de fé e superação, ensinamentos bíblicos e a importância de buscar Deus em todas as circunstâncias.

A calamidade me ensinou que a missão não conhece limites. Posso levar a Palavra de Deus a lugares distantes, tocar corações e transformar vidas sem sair de casa. Ao escrever, posso ser um instrumento de Deus para espalhar seu amor e sua esperança, mostrando que, mesmo nas tempestades da vida, Ele está presente e oferece um refúgio seguro. Que este livro seja um farol de esperança e um convite para uma jornada de fé. Que cada página inspire a busca por Deus, fortaleça a fé dos que leem e os conduza a um relacionamento mais profundo com o Criador. Que, por meio destas palavras, muitos encontrem consolo, coragem e a certeza de que, em Cristo, temos uma herança incorruptível que jamais perderemos.

Nós, como cristãos, devemos despertar para os tempos difíceis que se aproximam. Agora, mais do que nunca, devemos focar na pregação do Evangelho, pois só a graça de Deus nos permitirá resistir aos maus dias. Este não é um tempo para nos concentrarmos em riqueza material, mas sim para buscarmos a Deus incansavelmente em orações, jejum e súplica. É tempo de nos humilhar, pois muitos estão preocupados apenas com o próprio bem-estar. É evidente que todos desejamos uma vida sem necessidades, uma vida tranquila e prazerosa. No entanto, na busca por esse objetivo, muitos têm esquecido os mandamentos de nosso Senhor Jesus Cristo. Têm se esquecido dos órfãos, das viúvas e das pessoas em dificuldades financeiras. Muitos estão mais interessados em ganhar almas durante congressos luxuosos, gastando com coisas supérfluas e cobrando a entrada nesses eventos.

A solidariedade em tempo de crise

A solidariedade é um dos pilares fundamentais que sustentam a humanidade em tempos de crise. Em momentos de calamidade, quando a incerteza e o medo podem facilmente abalar nossas estruturas emocionais e sociais, a solidariedade emerge como uma força vital, capaz de unir comunidades e indivíduos em prol do bem comum. A importância da solidariedade vai além da simples assistência material. Ela transcende barreiras, conectando corações e mentes em um propósito comum: o de apoiar e amparar aqueles que mais necessitam. É a partir da solidariedade que encontramos conforto na presença uns dos outros, força na união de esforços e esperança na promessa de um futuro melhor. Além disso, a solidariedade é uma expressão tangível do amor ao próximo, uma manifestação concreta da compaixão e empatia que nos torna verdadeiramente humanos.

Ao estendermos a mão para ajudar aqueles que estão sofrendo, estamos não apenas aliviando o fardo deles, mas também fortalecendo os laços que nos unem como membros de uma mesma família humana. Em tempos de calamidade, a solidariedade se revela não apenas como uma virtude, é também uma necessidade essencial para a sobrevivência e o florescimento da sociedade. É por meio da solidariedade que encontramos esperança, resiliência e a capacidade de transformar adversidades em oportunidades de crescimento e renovação.

A solidariedade entre os membros da Igreja cristã é um reflexo do amor de Cristo em ação. Como uma família espiritual unida pela fé em Jesus, os cristãos são chamados a compartilhar não apenas suas alegrias, mas também seus fardos uns com os outros. Essa solidariedade é fundamentada na compreensão de que somos todos partes do corpo de Cristo e, portanto, estamos interligados em um propósito maior. Em tempos de calamidade, essa solidariedade se torna ainda mais evidente. Os cristãos se reúnem para apoiar aqueles que estão enfrentando dificuldades, seja por meio de orações, encorajamento mútuo ou assistência prática. É uma expressão tangível do mandamento de Cristo de amar o próximo como a si mesmo. Além disso, a solidariedade entre os membros da Igreja cristã vai além das fronteiras denominacionais e culturais. Ela transcende diferenças de raça, classe e nacionalidade, unindo crentes de todas as origens em um vínculo de amor e cuidado mútuo. Essa solidariedade não é apenas uma questão de conveniência ou obrigação, mas sim uma resposta natural ao amor incondicional que Deus demonstrou por nós em Jesus Cristo. É um testemunho poderoso do poder transformador do Evangelho e da capacidade da comunidade cristã de ser uma luz em meio à escuridão.

Nesses dias de reflexão, descobri que estava sendo egoísta ao priorizar minhas próprias necessidades e meus desejos em detrimento das demandas daqueles que estão sofrendo ao meu redor. Meus pensamentos estavam fixados em buscar uma vida mais confortável para mim e minha família, sem considerar a responsabilidade que tenho como seguidora de Cristo de compartilhar seu amor e sua esperança com os outros. Ao observar a realidade de tantas pessoas que estão lutando para sobreviver, percebi que a verdadeira missão de um cristão vai além de buscar conforto material e segurança pessoal. Diz respeito a estender a mão para aqueles que estão desamparados, oferecendo não apenas alimento e abrigo, mas também o amor transformador de Jesus Cristo.

Minha experiência me levou a entender que a verdadeira realização vem ao servir aos outros, ao ser um instrumento nas mãos de Deus para levar luz às trevas e esperança aos desesperançados. Não posso mais ficar indiferente diante das necessidades ao meu redor, sabendo que tenho o privilégio e a responsabilidade de fazer a diferença na vida das pessoas em nome de Cristo. Portanto, meu desejo ardente agora é tornar o nome de Jesus conhecido entre aqueles que estão perdidos e desesperados, oferecendo-lhes o amor e a salvação que só Ele pode proporcionar. Que cada ação, cada palavra e cada gesto meu possam ser uma expressão do amor de Deus, levando esperança e transformação aonde quer que eu vá.

Quero, neste tempo, ecoar as palavras de Isaías: "Eis-me aqui, envia-me a mim", e, de fato, significá-las em meu coração. Que eu possa estar disposta a ser enviada por Deus para onde quer que Ele deseje, mesmo que seja para lugares remotos, florestas densas ou tribos distantes, pois compreendo que não há lugar maior do que o centro da vontade de Deus, como uma missionária que tanto admiro gosta de dizer. Admiro profundamente a dedicação e o exemplo dessa missionária que tanto me inspira. Seu trabalho esplêndido é um testemunho vivo do poder transformador do amor de Deus em ação. Ao contemplar sua jornada, compreendo ainda mais que não há nada mais gratificante e significativo do que fazer a obra de Deus. Nenhuma carreira profissional, nenhum título acadêmico ou status social pode se comparar à alegria e à satisfação de ser usada por Deus para fazer a diferença na vida das pessoas. É uma jornada de fé, sacrifício e entrega total, mas também é uma trajetória de profunda realização e muito contentamento espiritual. Portanto, que eu possa estar sempre pronta e disposta a dizer: "Eis-me aqui, Senhor, envia-me a mim", sabendo que, aonde quer que Ele me envie, ali estarei em sua presença, cumprindo sua vontade e compartilhando seu amor com o mundo ao meu redor.

O chamado à hospitalidade

Vivemos tempos difíceis, marcados por incertezas e calamidades que afetam todas as esferas da vida. Em meio a essa realidade, a hospitalidade cristã se destaca como um valor essencial, especialmente para aqueles que se dedicam à obra missionária. No entanto, há um dilema que muitos cristãos enfrentam: a tensão entre a necessidade de ser hospitaleiro e a prudência diante da maldade existente no mundo.

A Bíblia é clara em sua exortação para que sejamos hospitaleiros. Em Hebreus 13:2, lemos: "Não se esqueçam da hospitalidade; foi praticando-a que, sem o saber, alguns acolheram anjos." Essa passagem nos lembra de que a hospitalidade é mais do que um ato de bondade; é uma prática espiritual que pode ter consequências eternas. Além disso, em 1 Pedro 4:9, somos incentivados a ser hospitaleiros sem murmuração: "Sejam mutuamente hospitaleiros, sem reclamação." A hospitalidade, portanto, é uma expressão tangível do amor cristão e uma ferramenta poderosa na missão de compartilhar o Evangelho.

A prudência em tempos de maldade

Por outro lado, muitos pregadores e cristãos ressaltam a necessidade de prudência. Em Mateus 10:16, Jesus instrui seus discípulos: "Eis que vos envio como ovelhas ao meio de lobos; sede, portanto, prudentes como as serpentes e simples como as pombas." Essa sabedoria nos lembra de que, embora sejamos chamados a ser hospitaleiros, também devemos ser vigilantes e sábios.

A confiança na proteção divina é um aspecto fundamental para o missionário. Em Salmos 127:1, encontramos a garantia de que, se Deus não vigiar a cidade, em vão vigia a sentinela: "Se o Senhor não edificar a casa, em vão trabalham os que a edificam; se o Senhor não guardar a cidade, em vão vigia a sentinela." Essa promessa nos encoraja a confiar que, ao praticarmos a hospitalidade, estaremos sob a proteção de Deus.

Equilibrando hospitalidade e prudência

Como missionários, somos chamados a encontrar um equilíbrio entre hospitalidade e prudência. Devemos abrir nossas portas e nossos corações para aqueles que necessitam, confiando na proteção e orientação de Deus. No entanto, isso não significa ignorar as realidades do mundo ao nosso redor.

Uma abordagem prática pode incluir medidas de segurança razoáveis e discernimento espiritual. Oração e busca de sabedoria divina são essenciais para navegar por essas situações. Deus nos deu um espírito de poder, amor e moderação (2 Timóteo 1:7), e é com esse espírito que devemos conduzir nossas ações missionárias.

A hospitalidade cristã se torna uma luz brilhante em meio à escuridão. Ela não só oferece alívio e conforto aos necessitados, mas também testemunha o amor de Cristo de maneira poderosa. Ao confiarmos na proteção de Deus e usarmos a sabedoria que Ele nos concede, podemos ser hospitaleiros e, ao mesmo tempo, prudentes. Assim, seguimos cumprindo nosso chamado missionário com fidelidade e coragem, seguros de que Deus está conosco em cada passo do caminho.

A assistência social como parte integral da missão

Em tempos de calamidade, a missão cristã adquire uma dimensão ainda mais urgente e abrangente. Como missionários, nossa tarefa não se limita à disseminação do Evangelho; envolve também a assistência social, atendendo às necessidades materiais daqueles que sofrem. Esse é um chamado que aprendemos diretamente de nosso Senhor Jesus Cristo, que não apenas oferecia palavras de vida, mas também supria as necessidades físicas das multidões.

O exemplo de Jesus Cristo durante seu ministério terreno demonstrou, de maneira clara e prática, a importância de atender às necessidades espirituais e materiais das pessoas. Em várias passagens dos evangelhos, vemos Jesus alimentando as multidões que o seguiam. Um exemplo notável é o milagre da multiplicação dos pães e peixes, registrado em Mateus 14:13-21, em que Ele alimenta mais de cinco mil pessoas. Esse ato não foi apenas um milagre, mas uma lição sobre a integralidade do cuidado com o ser humano.

O chamado à assistência social

A missão cristã é, portanto, uma resposta holística às necessidades humanas. Tiago 2:15-17 nos desafia a não sermos apenas ouvintes da Palavra, mas também praticantes: "Se um irmão ou uma irmã estiverem nus e carecerem do alimento cotidiano, e qualquer de vós lhes disser: Ide em paz, aquecei-vos e fartai-vos; e não lhes derdes as coisas necessárias para o corpo, que proveito há nisso? Assim também a fé, se não tiver obras, é morta em si mesma." Essa passagem sublinha a inseparabilidade da fé e das obras de caridade.

A integração de busca espiritual e material

Como missionários, devemos adotar uma abordagem integrada que inclua tanto a busca espiritual quanto a provisão material. Isso significa que, ao pregarmos o Evangelho, também nos empenhamos em ações concretas que atendam às necessidades básicas das pessoas. Distribuir alimentos e fornecer abrigo, roupas, cuidados médicos e apoio emocional são partes essenciais do nosso trabalho missionário. Essas ações não são apenas uma extensão do Evangelho, mas uma expressão direta do amor de Cristo.

A missão cristã em tempos de calamidade exige uma resposta completa e compassiva. Seguindo o exemplo de Jesus, devemos integrar a assistência social à nossa missão, garantindo que nossas ações atendam às necessidades espirituais e materiais das pessoas. Essa abordagem holística não só alivia o sofrimento imediato, mas também aponta para a esperança e a plenitude encontradas em Cristo. Ao agirmos assim, refletimos o verdadeiro amor de Deus, que se preocupa com todo o ser humano.

Sabedoria no uso do tempo e no desenvolvimento de talentos

Em nossa vida cotidiana, é fácil gastar tempo com coisas supérfluas, que não contribuem para a nossa missão. A tecnologia, o entretenimento e outras distrações podem consumir horas preciosas que poderiam ser dedicadas ao desenvolvimento pessoal e espiritual. Efésios 5:15-16 nos exorta a sermos cuidadosos com a maneira como vivemos, "remindo o tempo, porque os dias são maus." Para sermos mais eficazes na obra missionária, é essencial aprender a gerenciar nosso tempo e estabelecer prioridades.

A Bíblia nos dá vários exemplos de como devemos aproveitar nosso tempo de maneira sábia e diligente. Em Colossenses 4:5, somos instruídos a "andar com sabedoria para com os que estão de fora, remindo o tempo." Isso significa que devemos ser conscientes de como usamos nosso tempo, especialmente quando se trata de oportunidades para compartilhar o Evangelho e servir aos outros. Além disso, o Salmo 90:12 nos ensina a orar: "Ensina-nos a contar os nossos dias, de tal maneira que alcancemos corações sábios." Esse versículo nos lembra da importância de viver cada dia com propósito e sabedoria.

Dedicar pelo menos uma hora por dia ao desenvolvimento de um talento ou à busca espiritual pode fazer uma diferença significativa em nossa capacidade de servir. Jesus é nosso maior exemplo de alguém que gerenciava seu tempo com sabedoria. Ele frequentemente se retirava para lugares solitários para orar e buscar a vontade do Pai (Lucas 5:16), demonstrando a importância de equilibrar o serviço aos outros com momentos de renovação espiritual.

A missão pessoal é uma parte essencial da obra missionária, e o desenvolvimento de nossos talentos é fundamental para cumprir essa missão de maneira eficaz. Em 1 Pedro 4:10, somos encorajados a usar os dons que recebemos para servir aos outros, "como bons despenseiros da multiforme graça de Deus." Ao dedicarmos tempo para cultivar e aperfeiçoar as habilidades que Deus nos deu, tornamo-nos mais capazes de servir e fazer a diferença na vida das pessoas que encontramos.

Em tempos de calamidade, essa preparação se torna ainda mais crucial, pois o mundo precisa de missionários bem equipados e prontos para agir. A Bíblia nos lembra, em Romanos 12:6-8, de que temos diferentes dons e devemos usá-los conforme a graça que nos foi dada, seja profecia, serviço, ensino, exortação, contribuição, liderança ou misericórdia. Que possamos ser bons mordomos dos talentos que recebemos, usando-os plenamente para a glória de Deus e o avanço do seu Reino. Como Paulo exorta em 1 Coríntios 15:58, "sede firmes e constantes, sempre abundantes na obra do Senhor, sabendo que o vosso trabalho não é vão no Senhor".

Desafios financeiros na obra missionária

A vida financeira é um aspecto crucial e frequentemente desafiador na obra missionária.

Muitos missionários, como nós, enfrentam provações financeiras enquanto se dedicam ao Evangelho de Cristo. Para aqueles que não recebem apoio financeiro externo, a situação pode ser ainda mais difícil. Dependemos do trabalho de meu marido para cobrir as despesas do salão da igreja, que possui poucos membros, além das nossas despesas pessoais, como aluguel e contas domésticas. A falta de um hábito consistente de dízimo entre os membros da igreja pode criar uma carga financeira significativa sobre os missionários. Essa limitação financeira pode, por vezes, impedir-nos de realizar a obra com mais precisão, ajudar os carentes ou alcançar aqueles que estão distantes do culto. No entanto, mesmo em meio a essas dificuldades, aprendemos a confiar na provisão divina e a buscar soluções criativas para sustentar a missão.

Confiança na provisão divina

Em Mateus 6:31-33, Jesus nos instrui a não nos preocuparmos excessivamente com nossas necessidades materiais, mas a buscar primeiro o Reino de Deus e a sua justiça, confiando que todas essas coisas nos serão acrescentadas: "Portanto, não se preocupem, dizendo: 'Que vamos comer?' ou 'Que vamos beber?' ou 'Que vamos vestir?' [...] Mas busquem em primeiro lugar o Reino de Deus e a sua justiça, e todas essas coisas lhes serão acrescentadas." Essa passagem nos encoraja a confiar na provisão de Deus, mesmo quando as circunstâncias parecem adversas.

Ao longo do tempo, temos testemunhado a fidelidade de Deus em prover para nossas necessidades, muitas vezes de maneiras inesperadas.

A vida financeira na missão é marcada por desafios, mas também por oportunidades de crescimento e confiança na provisão divina. Gerenciar as finanças de maneira sábia, buscar apoio externo e desenvolver projetos autossustentáveis são estratégias importantes para superar as limitações financeiras. Ao permanecermos fiéis ao nosso chamado e confiarmos na provisão de Deus, podemos continuar a realizar a obra missionária, ajudando aqueles que estão em necessidade e proclamando o Evangelho de Cristo.

O contexto cultural e religioso no Rio Grande do Sul

O Rio Grande do Sul, um dos estados mais importantes do Brasil, apresenta um cenário complexo e desafiador para a evangelização. Apesar de sua rica cultura e tradição, o estado é conhecido por uma resistência considerável ao Evangelho. Além disso, enfrenta um paradoxo marcante: é o estado com maior presença de religiões de matrizes africanas, com mais de 60 mil terreiros, e, ao mesmo tempo, um lugar onde o racismo ainda é uma questão séria.

O paradoxo do racismo e da adaptação às religiões de matrizes africanas

O contraste entre a adoção de religiões de matrizes africanas e a persistência do racismo é intrigante. Enquanto muitos gaúchos praticam essas religiões, como o candomblé e a umbanda, que têm raízes profundas na cultura africana, a discriminação racial contra negros continua sendo um problema significativo.

A escalada do ocultismo no Rio Grande do Sul

Em tempos de calamidade, a atuação das forças ocultas tem se tornado cada vez mais visível e avassaladora no Rio Grande do Sul. Recentemente, em março, foi inaugurado em Viamão, na região metropolitana de Porto Alegre, um cemitério dedicado ao culto de Exus e Pombagiras, o primeiro do mundo. Esse evento destaca a crescente presença e aceitação de práticas ocultistas na região.

Manifestação do ocultismo em Alvorada

Outro exemplo alarmante é a cidade de Alvorada, onde uma estátua de Belzebu foi erguida sobre uma casa de terreiro. Esse ato simboliza a força crescente das trevas e a aceitação de figuras demoníacas na vida pública e religiosa local. Esses acontecimentos mostram como o ocultismo tem se infiltrado na sociedade gaúcha de maneira intensa e preocupante.

O desafio para a evangelização

A presença crescente do ocultismo representa um desafio significativo para a evangelização no Rio Grande do Sul. A aceitação e a prática dessas crenças ocultistas contrastam muito com os princípios do Evangelho, criando um ambiente espiritualmente hostil e complexo para os missionários.

No entanto, é em tempos de maior escuridão que a luz do Evangelho pode brilhar com mais intensidade. Como missionários, devemos estar preparados para enfrentar essas forças com oração, ensino bíblico e o poder transformador do Evangelho. O desafio é grande, mas com fé e perseverança podemos confiar que Deus nos capacitará para vencer as trevas e levar a luz de Cristo a todos os cantos desse estado.

A busca por bens materiais

Outro aspecto marcante do Rio Grande do Sul é a busca incessante por fama e riqueza. Essa busca materialista pode ser um obstáculo para o Evangelho, que prega valores espirituais e altruístas. Muitos gaúchos são atraídos por promessas de prosperidade e sucesso, o que pode desviar o foco da mensagem cristã de salvação e serviço ao próximo.

O Rio Grande do Sul apresenta um campo missionário desafiador, com seu paradoxo de adaptação às religiões de matrizes africanas e a persistência do racismo, além da busca desenfreada por bens materiais. No entanto, é nesse ambiente que a mensagem do Evangelho pode brilhar com mais intensidade, oferecendo esperança, transformação e verdadeira paz. A igreja deve estar preparada para enfrentar esses desafios com compreensão, coragem e compaixão, demonstrando o amor de Cristo em cada ação e palavra.

Missões em tempos de calamidade

O desafio do plantio de igrejas no Rio Grande do Sul

O plantio de igrejas no Rio Grande do Sul é uma tarefa desafiadora e, muitas vezes, frustrante. Muitos pastores chegam com o objetivo de estabelecer novas congregações, mas se deparam com dificuldades significativas na propagação do Evangelho. A falta de crescimento rápido e as adversidades locais frequentemente levam ao fechamento das igrejas e ao retorno dos pastores, deixando a comunidade sem um lugar de culto.

A rotatividade e a instabilidade das congregações

Uma das questões mais preocupantes é a instabilidade entre os membros das igrejas. Quando uma nova igreja é plantada, muitas pessoas migram para ela, deixando suas congregações anteriores vazias. No entanto, quando se cansam ou enfrentam dificuldades, abandonam essas novas igrejas, repetindo o ciclo de instabilidade e enfraquecendo a comunidade cristã local.

A indignação e o compromisso com a permanência

É importante expressar indignação e frustração com essa realidade. Nas igrejas existentes, observamos uma lacuna preocupante: muitas vezes, os membros não recebem o discipulado necessário. Pessoas são batizadas sem terem sido libertas de vícios, sem terem recebido o aconselhamento adequado para lidar com suas dificuldades. Algumas delas são unidas em matrimônio religioso sem terem formalizado sua união no civil. Esse despreparo por parte dos pastores nesta cidade tem permitido que essas situações persistam, afetando a saúde espiritual das igrejas.

É essencial reconhecer que o papel das igrejas vai além de apenas reunir pessoas em cultos; é um chamado para cuidar e nutrir espiritualmente cada indivíduo, preparando-o para uma vida de fé fundamentada nos princípios bíblicos. A falta de um discipulado eficaz pode levar à superficialidade espiritual e à falta de crescimento genuíno na fé. Portanto, é crucial que os líderes e pastores se dediquem não apenas ao ensino da Palavra, mas também ao acompanhamento pessoal e à orientação espiritual, capacitando, assim, os membros a viverem vidas que glorifiquem Deus em todos os aspectos.

Sendo assim, muitas dessas pessoas que frequentam nossas igrejas acabam por não permanecerem, pois nos consideram antiquados ao enfatizarmos a importância de formalizarem casamentos no civil, de se libertarem de vícios e de viverem uma vida íntegra antes de serem batizadas nas águas. No entanto, é essencial destacar que esses princípios não são meramente tradições ou normas antigas, mas sim fundamentos bíblicos que visam ao bem-estar espiritual e pessoal de cada indivíduo. A disciplina espiritual e o compromisso com a integridade são essenciais para uma vida de verdadeiro testemunho e crescimento na fé cristã.

As igrejas plantadas jamais deveriam ser arrancadas, mesmo que o missionário ou pastor que as plantou precise partir. É imperativo que as igrejas continuem suas atividades, mesmo com poucos membros, encontrando maneiras de se tornarem autossustentáveis e resilientes. A comunidade cristã local deve compreender a importância de perseverar e apoiar suas congregações, independentemente das dificuldades. A missão de Deus transcende a presença de um líder específico, e a força de uma igreja reside na união e no compromisso de seus membros com os ensinamentos bíblicos.

Por isso, é crucial que os membros da igreja compreendam que, mesmo quando o líder original se vai, a missão deve continuar com a mesma dedicação. A perseverança e o apoio mútuo são fundamentais para garantir que a igreja não só sobreviva, mas floresça, cumprindo, assim, seu propósito divino e levando adiante a obra de Deus de maneira sólida e inabalável.

O papel da sede matriz

A sede matriz dessas congregações tem um papel crucial na luta pela permanência e continuidade das igrejas filiais. É essencial que a sede matriz forneça suporte, recursos e orientação para que as congregações plantadas possam enfrentar os desafios e crescer de maneira sustentável. A sede matriz deve atuar como um pilar de força e estabilidade, assegurando que as novas igrejas tenham a ajuda necessária para prosperar. No entanto, às vezes a sede matriz não vê o crescimento esperado e acaba pressionando para que essas igrejas fechem as portas ou determina uma quantidade mínima de membros para que a igreja permaneça aberta. Essa prática contraria o ensinamento de Jesus, que disse: "Pois onde se reunirem dois ou três em meu nome, ali estou no meio deles" (Mateus 18:20). A presença de Deus não depende da quantidade de pessoas, mas da fé e da comunhão entre os crentes.

O plantio de igrejas no Rio Grande do Sul é uma missão desafiadora, que requer perseverança, compromisso e estratégias bem definidas. É fundamental que as igrejas plantadas permaneçam firmes, mesmo diante das adversidades, e que a comunidade cristã local aprenda a valorizar e sustentar suas congregações. A sede matriz dessas congregações deve lutar de maneira ativa para assegurar que as novas igrejas permaneçam e cresçam, independentemente do número de membros, lembrando sempre que a presença de Deus é prometida onde quer que dois ou três se reúnam em seu nome. Só assim poderemos ver um crescimento saudável e duradouro do Evangelho nessa região. A missão é árdua, mas com fé e determinação podemos construir igrejas fortes e resilientes, que resistam ao teste do tempo e das circunstâncias.

O desafio do contexto moderno

O pastor missionário enfrenta enormes dificuldades ao plantar uma igreja em cidades onde a população é financeiramente bem-sucedida e vive imersa no mundo digital. Nessas áreas, as pessoas têm acesso constante a igrejas que exibem grandes congressos, tecnologia avançada e cultos liderados por pregadores e cantores renomados. Essa exposição cria uma expectativa elevada e uma busca incessante por novidades e atrações.

O dilema das pequenas igrejas

Em contraste, uma igrejinha humilde, sem templo próprio, sem tecnologia avançada e sem a capacidade de contratar cantores ou pregadores de fora é, muitas vezes, vista como uma igreja de menor valor. A pregação do pastor ou missionário local, por mais genuína e fiel ao Evangelho que seja, frequentemente não consegue competir com o brilho e o glamour das grandes igrejas. Isso leva a uma diminuição do interesse e do envolvimento das pessoas, que estão sempre à procura de algo novo e emocionante.

Essa situação é exacerbada pelas grandes igrejas, que, ao focarem tanto demonstrações atraentes e tecnológicas, acabam por desviar a atenção do que realmente importa: a pregação do Evangelho genuíno. A verdadeira atração da igreja deve ser a mensagem de Cristo, e não os shows ou os nomes famosos. No entanto, a pressão para manter um espetáculo contínuo pode obscurecer essa verdade fundamental.

O pastor missionário enfrenta desafios significativos ao tentar plantar e sustentar uma igreja em um mundo em que as expectativas são moldadas por grandes produções e tecnologias avançadas. No entanto, a força do Evangelho reside na sua simplicidade e verdade. As igrejas humildes têm um papel crucial a desempenhar ao focarem a autenticidade, a comunidade e a fidelidade à mensagem de Cristo. Em vez de competir com o espetáculo, essas igrejas devem reafirmar que a verdadeira atração é a transformação que o Evangelho traz. Com perseverança e dedicação, é possível construir congregações fortes e resilientes, que resistam às pressões do mundo moderno e floresçam espiritualmente.

Um culto evangelístico

A chuva finalmente deu uma trégua. Com a chegada do inverno, decidimos realizar um culto ao ar livre, perto do local onde ocorreu um deslizamento. Apesar da previsão de chuvas, Deus não permitiu que chovesse. Poucas pessoas se reuniram, mas a presença de Deus era palpável. Louvamos e ouvimos uma pregação evangelística que tocou nossos corações — e acredito que também os corações daqueles que do seu lar estavam a ouvir. Após o culto, fomos tomar chimarrão e conversar, aproveitando a calma da tarde.

Foi durante essa conversa que a avó de um rapaz da comunidade, visivelmente alterado e usuário de drogas, nos relatou sua difícil situação. Quando ainda estávamos cultuando, ele estava dentro de sua casa. Após o culto, sua companheira, também usuária de cocaína, chegou para levar alguns móveis da casa, pois havia se separado há pouco tempo. Essa separação foi mais um episódio de uma relação conturbada, marcada por idas e vindas.

A presença dela e a tentativa de levar os móveis o deixaram furioso. Ele saiu da casa com um facão na mão e começou a confrontar sua mãe, que nem tinha envolvimento no episódio. Acredito que o próprio inimigo estava irado por sua mãe ter participado do culto.

Irado, ele então pegou os pertences de sua companheira e os jogou para fora, tudo isso na nossa frente, em uma cena de desespero, violência e xingamentos.

Meu marido tem sido um pilar para essa família, sempre presente quando o rapaz fica alterado ou possesso. Na manhã antes do culto, ele havia pedido ao meu marido para dirigir para ele e levá-lo a um lugar. Sem saber exatamente o que ele planejava, meu marido concordou em ajudá-lo. Durante o percurso, ele percebeu que o rapaz havia comprado uma arma, um fato que só aumentou nossa preocupação com sua segurança e a de sua família.

A mãe desse jovem é uma mulher que carrega uma vida de profunda angústia e depressão. Ela sofreu abusos constantes do seu primeiro marido, com quem teve dois filhos. Um desses filhos, graças a Deus, foi liberto das drogas, batizado e recebeu o dom do Espírito Santo. Há quatro anos ele está firme na fé, sendo um testemunho vivo do poder transformador de Deus.

Ela se casou de novo quando seus filhos ainda eram pequenos, mas seu segundo marido também era dependente de álcool e a agredia. Ela nos contou que ele frequentemente os colocava em fila e apontava uma arma para eles. Dessa união, ela teve mais um filho, que na adolescência matou um rapaz. Por ser menor de idade, não foi preso, porém aos 22 anos, em 2020, foi assassinado brutalmente na frente de sua mãe, sendo degolado. Esse trágico evento levou o filho do meio a buscar refúgio em Deus, e hoje ele está firme na Igreja.

O segundo marido dessa irmã faleceu em julho do ano passado. Após sua morte, ela aceitou Jesus como seu Salvador e participa constantemente da igreja, embora ainda não tenha experimentado a completa libertação. Deus está trabalhando na sua vida e na de seus familiares, pois é evidente a necessidade divina nessa família. Seu filho mais velho a agride com frequência, uma situação que nos comove de forma profunda e nos motiva a interceder por eles.

Nesse dia, após o culto, conversei com a mãe dessa irmã, uma senhora idosa e devota do catolicismo, que também enfrentou e continua a enfrentar lutas semelhantes às de sua filha. Ela relatou que, quando seu marido bebia, tinha que sair de casa com os filhos para se proteger. Hoje ele está debilitado, mas ela ainda enfrenta desafios com um filho que há pouco tempo saiu da prisão após sete anos. Infelizmente, ele continua a usar drogas, em especial o crack, e há pouco a agrediu, deixando-a com as gengivas roxas.

Mesmo assim, ela não tem coragem de denunciá-lo.

Esses relatos mostram a profunda carência de Deus nessas vidas. O inimigo vem destruindo gerações, espalhando dor e sofrimento. Como servos de Deus, precisamos ser luz em meio à escuridão, portadores da mensagem de esperança e libertação. A nossa missão é clara: levar o amor de Cristo a essas almas feridas, mostrando que há um caminho de paz e redenção.

Reflexão para os leitores

Ao ler estas histórias, é impossível não refletir sobre a profundidade da opressão que muitas famílias enfrentam. São situações que exigem mais do que simples compaixão; requerem uma ação movida pela fé e pelo amor de Deus. Como cristãos, somos chamados a ser agentes de transformação, levando a mensagem de Cristo a todos os cantos, especialmente onde a escuridão parece prevalecer. O testemunho dessas vidas nos desafia a sair da nossa zona de conforto e a responder ao chamado de Deus com coragem e determinação.

Que estas palavras inspirem cada leitor a refletir sobre seu papel na grande missão de Deus, entendendo que não há lugar melhor do que estar no centro da vontade dele, como diz a missionária que tanto admiro. Nossa missão é urgente e necessária, e juntos podemos fazer a diferença.

Conclusão: a esperança em tempos de calamidade

A jornada que compartilhei neste livro não é apenas um relato das dificuldades enfrentadas e superadas, mas um testemunho do poder transformador da fé e da missão que Deus nos confiou. Cada página foi escrita com a intenção de iluminar a importância da perseverança, da solidariedade e da presença divina em nossas vidas, especialmente em tempos de calamidade.

O chamado à missão

Durante esse período no Rio Grande do Sul, enfrentamos inúmeras tempestades, tanto literais quanto figurativas. As chuvas torrenciais e os deslizamentos de terra que marcaram o início do inverno aqui foram apenas um reflexo das batalhas espirituais travadas diariamente. No entanto, em cada desafio encontramos oportunidades de testemunhar a graça e a misericórdia de Deus.

O culto ao ar livre, que de início parecia ser um simples evento de louvor, revelou-se um campo de batalha espiritual. O confronto com o rapaz oprimido, o desespero de sua mãe e a violência que presenciamos foram lembretes contundentes da luta contra as forças do mal que assolam essa comunidade. Mas também foram momentos de reforço da nossa fé e da certeza de que nossa missão aqui é crucial.

A importância da comunidade

A comunhão com a comunidade tem sido um pilar fundamental na nossa missão. O apoio mútuo, a oração conjunta e a solidariedade são forças que nos sustentam. A história daquela família, com todos os seus traumas e desafios, é um espelho da necessidade urgente de presença divina e apoio fraternal. Vimos a transformação começando a tomar forma, com membros da família encontrando esperança e libertação em Cristo.

Meu marido, com sua dedicação incansável, tem sido um exemplo vivo de serviço cristão. Sua disposição para ajudar, mesmo quando confrontado com situações perigosas, como a manhã em que foi solicitado a dirigir para o rapaz que comprou uma arma, demonstra a profundidade do nosso compromisso com essa missão. É por meio desses gestos de amor e sacrifício que mostramos a luz de Cristo.

A reflexão pessoal

Ao longo desta caminhada, fui forçada a confrontar meu próprio egoísmo e a redefinir minhas prioridades. Meu desejo inicial de ter uma vida confortável e sem responsabilidades ministeriais foi substituído por um ardente desejo de servir e fazer a diferença. O testemunho de Isaías, que disse "Eis-me aqui, envia-me a mim", ecoa fortemente em meu coração. Entendi que não há lugar melhor do que estar no centro da vontade de Deus, uma verdade que aprendi com uma missionária admirável.

O papel da família

A responsabilidade de cuidar e ensinar nossos filhos é um chamado que não pode ser negligenciado. A decisão de deixar meu emprego para estar mais presente em suas vidas foi uma das mais difíceis, mas também a mais gratificante. A Bíblia nos instrui em Provérbios 22:6: "Ensina a criança no caminho em que deve andar, e ainda quando for velho não se desviará dele." Esse versículo tem sido um guia constante, lembrando-me da importância de criar nossos filhos com amor, cuidado e ensinamentos divinos.

A necessidade de transformação

Vimos de perto o impacto devastador das drogas, da violência e da opressão espiritual. Essas não são apenas estatísticas ou histórias distantes, mas realidades que nos cercam e precisam de intervenção divina. A libertação que vimos em alguns membros da comunidade nos dá esperança e motiva a continuar nossa obra.

Cada vida transformada é um testemunho do poder redentor de Jesus Cristo.

A jornada continua

Embora este livro chegue ao fim, a nossa missão está longe de ser concluída. O Rio Grande do Sul, com suas belezas naturais e seus desafios únicos, tornou-se um campo de missão onde continuaremos a plantar sementes de fé, esperança e amor. Convido cada leitor a refletir sobre seu próprio papel no grande plano de Deus. Seja qual for o chamado, seja em um lugar remoto, seja em seu próprio bairro, lembre-se de que não há lugar melhor do que estar no centro da vontade de Deus.

Agradecimentos e oração final

Agradeço a todos que nos apoiaram nesta jornada, seja com orações, palavras de encorajamento ou ações práticas. Sua parceria tem sido inestimável. Oro para que este livro inspire outros a abraçarem sua missão com coragem e fé, sabendo que Deus está conosco em cada passo do caminho.

Que o Senhor continue a nos guiar e fortalecer, e que possamos sempre ser testemunhas de seu amor e sua graça, especialmente em tempos de calamidade.